亮闪闪的线索

〔英〕凯伦·华莱士 著
〔英〕杰克·哈兰 绘
〔北京顺义国际学校〕马行健 李以诺 译

北京大学出版社
PEKING UNIVERSITY PRESS

感谢北京京西学校GEOFFREY ANDREWS先生、王文静女士与北京顺义国际学校赵马冰如女士的策划组织,以及两校小学中文师生为这套书的出版所做的出色工作!

这是一个阳光明媚的早晨。农场里所有的动物都在吃早餐。

"谁把这根彩带放在了我的门上?"小马问。

"我的窝里也有一个亮闪闪的彩带。"母鸡说,"这是从哪里来的?"

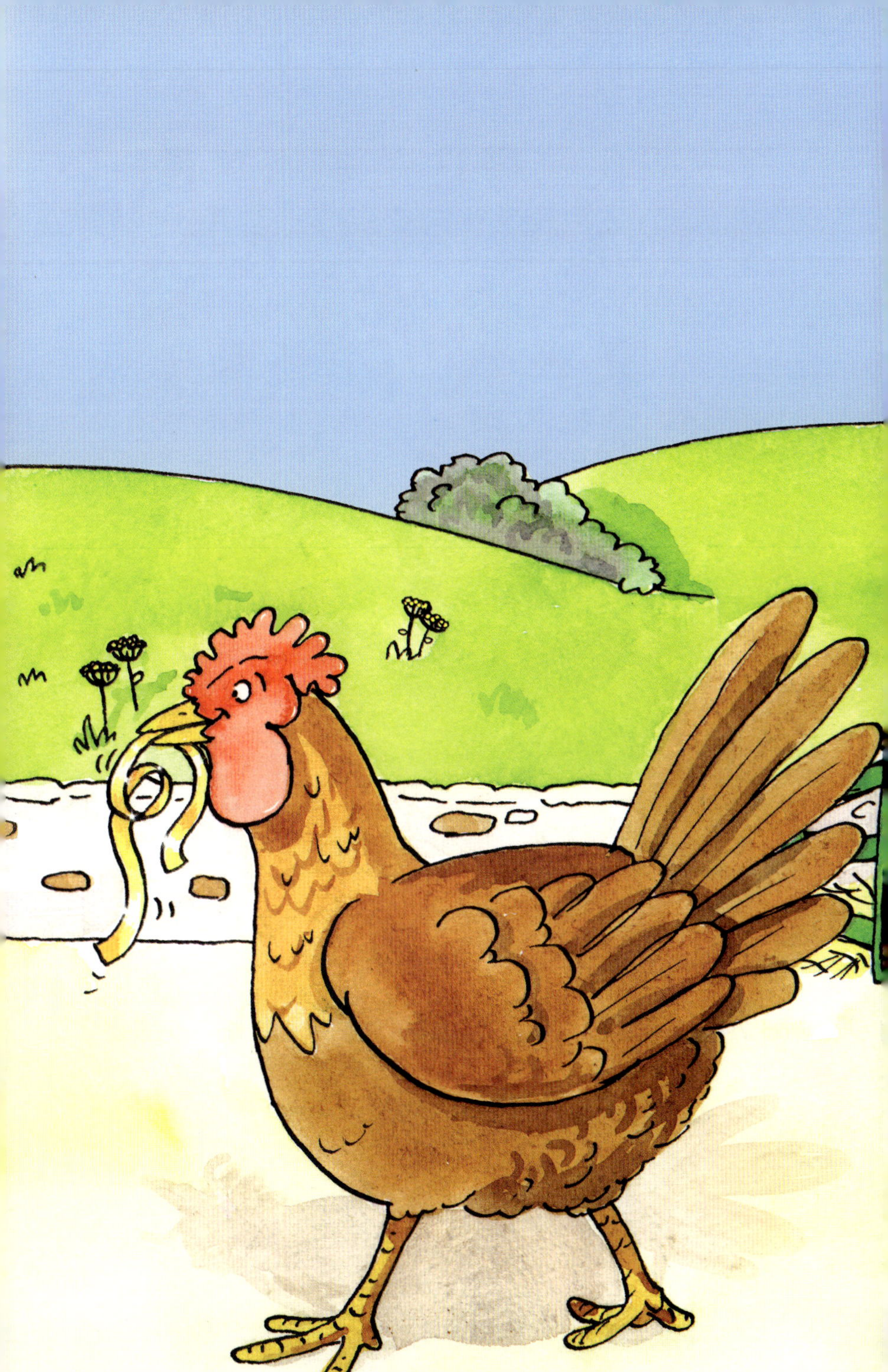

"我觉得这是别人送给你们的礼物。"侦探狗说。

"是谁呢?"小马和母鸡问。

"我是侦探,"侦探狗说,"我会找到这个人的。"

侦探狗去找奶牛。

奶牛的脖子上挂着一个银色的铃铛。

"是不是有人送给你礼物了？"侦探狗问。

"我也收到了一个礼物。"绵羊说,她嘴里叼着一朵红花。

这时侦探狗看见花猫正在追一个金色的球。

侦探狗仔细想了想。所有的礼物都很小,而且亮闪闪的。这应该是一个线索。

"喜鹊喜欢亮闪闪的小东西,"侦探狗说,"一定是她!"

"可是她从来没有跟我们说过话,"花猫说,"她为什么要给我们送礼物呢?"

"这就是我要寻找的答案。"侦探狗说。

侦探狗去找喜鹊。他找遍了所有的地方。他必须找到答案。

在回农场的路上，侦探狗发现，路上有一些又小又亮的东西。

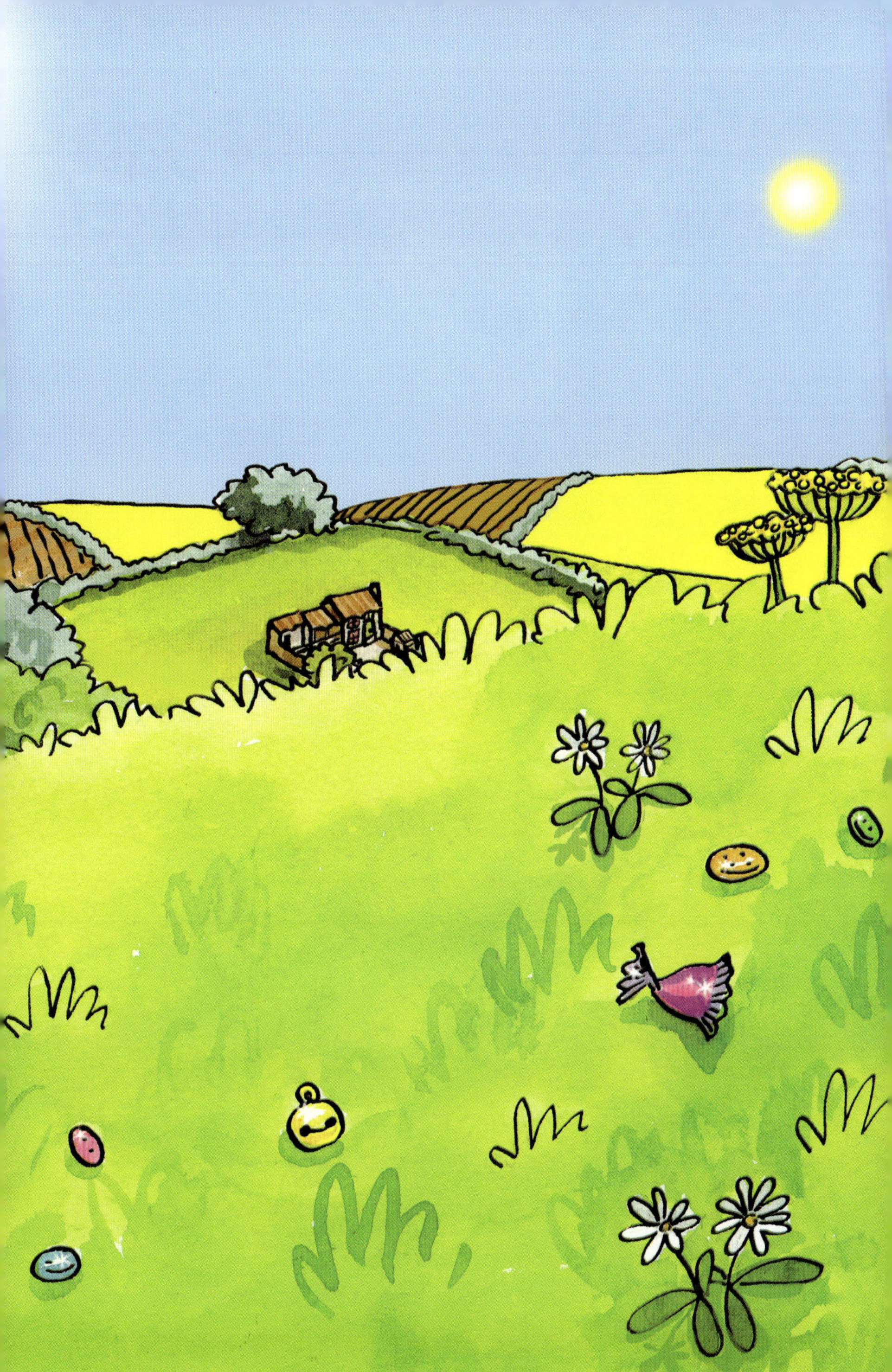

沿着这条线索，侦探狗来到了一棵大树下。喜鹊的窝就在大树上。

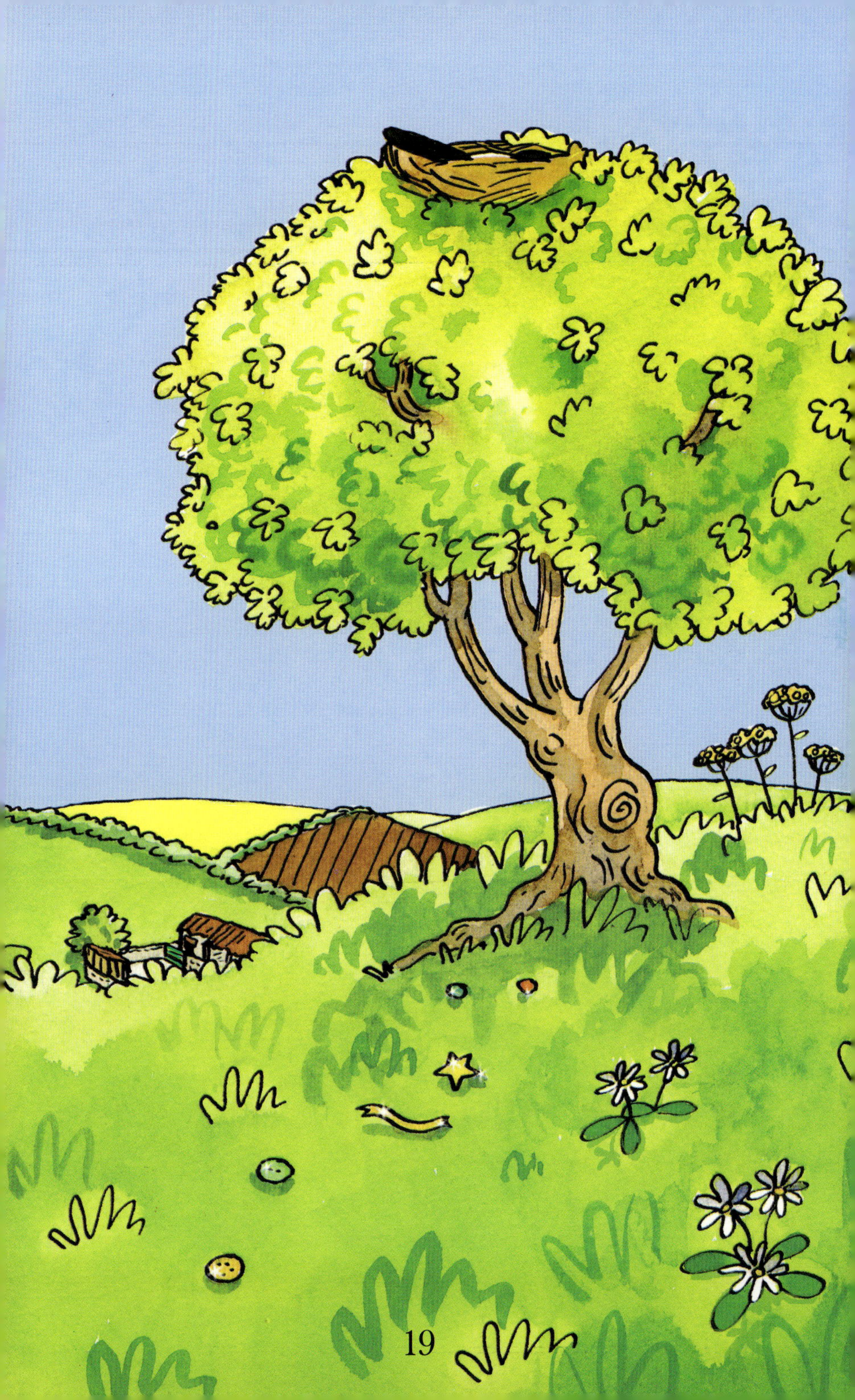

"你好,喜鹊!"侦探狗叫道,"是你给大家送的礼物吗?"

"是的,"喜鹊回答,"我想交朋友,可是我不好意思跟他们说话。"

"我们也想跟你交朋友，"侦探狗说，"你为什么不在农场里做窝呢？"

"可以吗?"喜鹊问。"当然可以。"侦探狗回答。

农场里所有的动物都来迎接喜鹊。

"谢谢你送给我们的礼物,"他们说,"我们也给你准备了一个礼物。"

动物们把自己的毛当作礼物送给喜鹊,有羊毛、猫毛、马毛,还有羽毛。

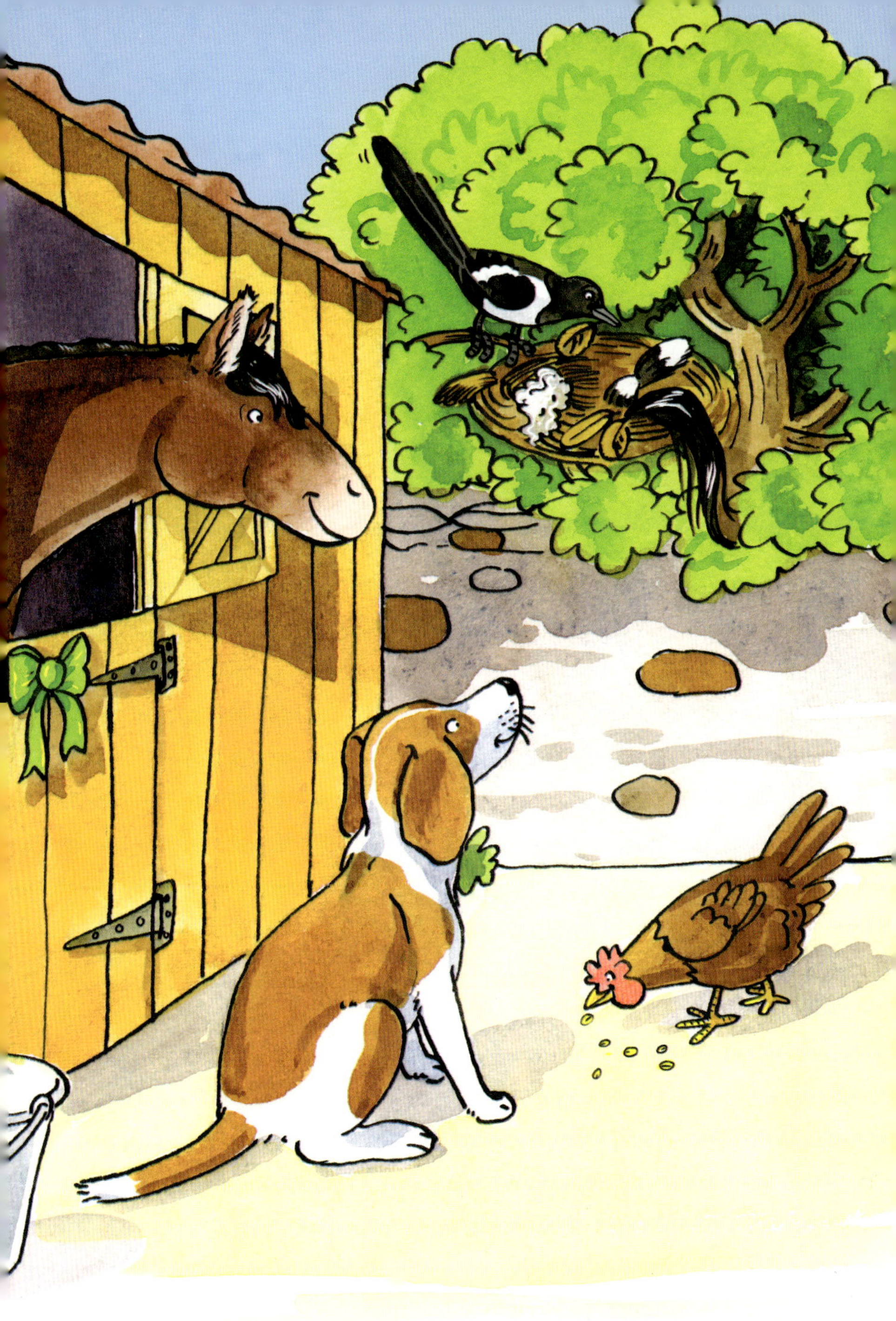

喜鹊在农场里做了一个漂亮的新窝。

"多谢你找到我,侦探狗!"喜鹊说,"你是世界上最棒的侦探!"

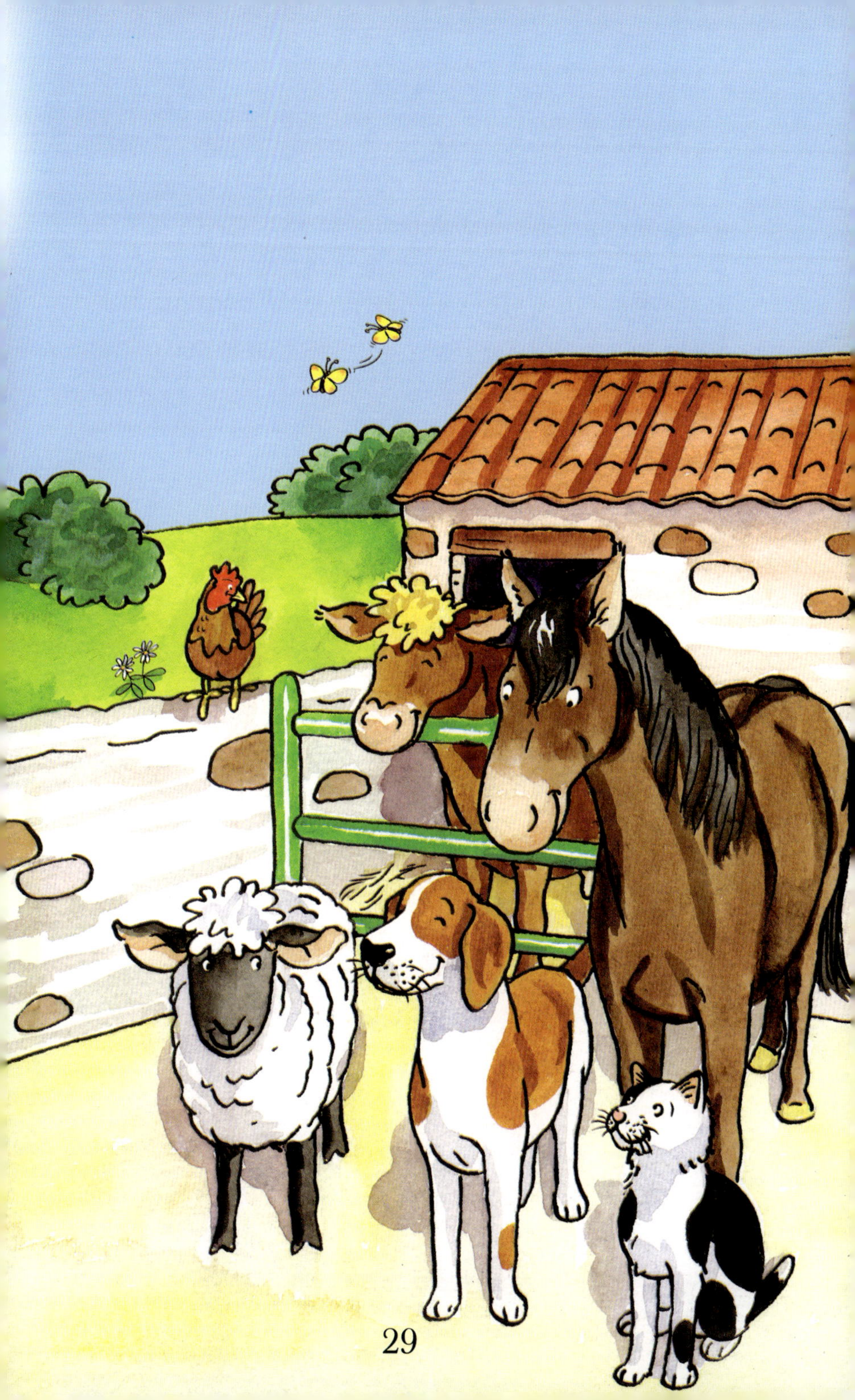

START READING CHINESE is a series of highly enjoyable books for beginning learners of Chinese. It is adapted and translated from the English reader START READING. The translators are teachers and students from international schools, so the books have been carefully graded to match the Book Bands widely used in schools. This enables readers to choose books that match their own reading ability.

Look out for the Band colour on the book in our Start Reading Chinese logo.

Band 1 第一级

Band 2 第二级

Band 3 第三级

Band 4 第四级

Band 5 第五级

《我爱读中文》是一套可读性极强的分级读物，非常适合中文初学者阅读。这套书是从英语读物 START READING 翻译改编而来，译者都是国际学校的老师和学生，他们知道同级读者的中文水平，所以，翻译时严格控制中文的难度，使之符合国际上广为采用的学校读物等级标准。这有助于读者根据自己的中文水平选择适合自己阅读的图书。

请注意《我爱读中文》标识上的等级色。